Сказки Андерсена
Andersen's Fairy Tales

Bilingual book in Russian and English

by Svetlana Bagdasaryan

Дюймовочка
Thumbelina

Жила-была женщина. У нее не было детей. Однажды пошла она к старой колдунье и говорит:

- Мне так хочется, чтоб у меня была дочка, хоть самая маленькая!

- Вот тебе зернышко, - ответила колдунья, - посади его в цветочный горшок. Увидишь, что будет.

Как только женщина пришла домой, она посадила зернышко в горшочек. Только она его полила, зернышко сразу же проросло, и появился чудесный цветок, в котором сидела девочка. Она была очень маленькая, и поэтому ее назвали Дюймовочкой.

Скорлупка грецкого ореха была ее колыбелькою, голубые фиалки - матрацем, а лепесток розы - одеяльцем.

Однажды ночью в комнату пробралась большущая старая жаба, мокрая и безобразная. Она заглянула в скорлупку, где спала девочка.

Once there lived a woman. She had no children. One day she went to an old witch and said, "I have set my heart upon having a daughter, even a tiniest one!"

"Here's a seed for you," said a witch, "put it in a flower pot. You'll see what will happen."

The woman planted the seed into the pot as soon as she got home. After she watered it, the seed sprouted at once, and a lovely flower with a girl sitting inside of it appeared. She was very small, and that is why she was called Thumbelina.

A walnut shell served as her cradle, her mattress was made of blue petals of violets, and a rose petal was her blanket.

One night a tremendous old toad snuck into the room, wet and ugly. She looked into the shell, where the girl was sleeping.

- Как хороша! - сказала жаба. - Славная жена будет моему сыну!

Она схватила ореховую скорлупку с девочкой и отнесла ее в болото, где показала Дюймовочку своему безобразному сыну.

- Давай отнесем ее на середину реки и посадим там на лист кувшинки. - сказала старая жаба. - Оттуда ей ни за что не убежать. А я тем временем устрою для вас в тине уютное гнездышко.

Жаба подплыла к самому большому листу и поставила на него ореховую скорлупку, в которой спала девочка.

Бедная крошка проснулась рано утром, увидела, куда она попала, и горько заплакала. Со всех сторон была вода! Вскоре старая жаба подплыла со своим гадким сыном к листу и сказала:

- Вот мой сынок! Он будет твоим мужем! Вы славно заживете с ним у нас в болоте.

"How lovely she is!" said the toad. "She will be a perfect wife for my son!"

She grabbed the nut shell with the girl and took it to the swamp, where the toad showed Thumbelina to her ugly son.

"Let's take her to the middle of the river and put her out there on a lily pad," said the old toad. "She will not escape from there. Meanwhile, I will arrange a cozy nest in the mud for you."

The toad swam to the largest leaf and put the walnut shell on it where the girl was sleeping.

The poor little thing woke up early in the morning, and when she saw where she was, she began crying bitterly. There was water all around! Soon the old toad with her ugly son swam out to the leaf and said, "Meet my son! He is to be your husband! You will share a delightful home in our swamp."

Жабы взяли скорлупку и уплыли. А Дюймовочка стояла одна посреди реки на большом зеленом листе кувшинки и горько плакала. Ей вовсе не хотелось жить с гадкой жабой и выходить замуж за ее противного сына.

Маленькие рыбки, которые плавали под водой, услыхали, что сказала старуха жаба. Им было ужасно жалко, что такой миленькой маленькой девочке придется жить вместе с этими отвратительными жабами. «Не бывать же этому!» Рыбки со всей речки перегрызли стебелек кувшинки, и лист поплыл по течению.

В это время мимо пролетал майский жук. Он увидел Дюймовочку, схватил ее и унес на дерево. О, как испугалась бедная Дюймовочка! Майский жук уселся на ветке большого дерева, усадил рядом Дюймовочку и сказал ей, что она ему очень нравится.

The toads took the shell and swam away. Thumbelina was standing alone in the middle of the river on the big green lily leaf and was crying bitterly. She did not want to live with the nasty toad and marry her disgusting son.

Small fish that swam under the water heard what the old toad had said. They were terribly sorry that such a pretty little girl would have to live with these abominable toads. *No, that should never happen!* Fish from all over the river gnawed the lily stalk, and the leaf floated away with the current.

Just then, a big May-bug was flying by. He saw Thumbelina, grabbed and carried her to the tree. Oh, how frightened the poor Thumbelina was! The May-bug sat down on the branch of the large tree, seated Thumbelina next to him and told her that he liked her very much.

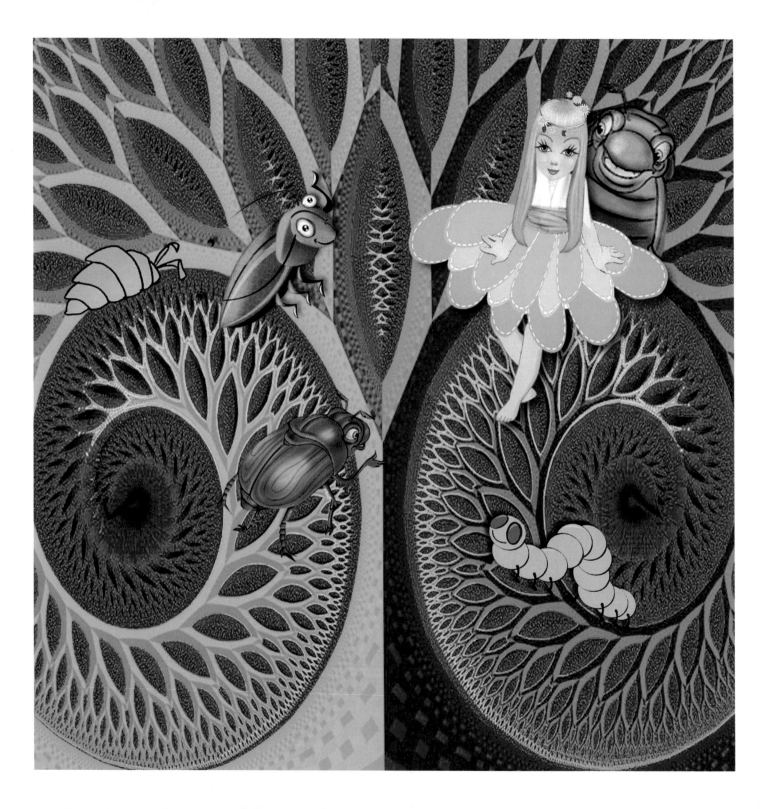

Вскоре к ним пришли в гости другие майские жуки. Они с любопытством разглядывали Дюймовочку.

- У нее только две ножки! - говорили одни.

- Какая она слабенькая, тоненькая! Того и гляди, переломится пополам, - говорили другие.

- Очень похожа на человека и к тому же некрасивая, - решили наконец все жуки.

Даже майскому жуку, который унёс Дюймовочку с листа, показалось теперь, что она совсем нехороша, и он решил с ней распрощаться. Жук слетел с Дюймовочкой вниз и посадил ее на ромашку.

Дюймовочка сидела на цветке и плакала: ей было грустно, что она такая некрасивая. Даже майские жуки прогнали ее!

А на самом-то деле она была прелестнейшим созданием: нежная и прекрасная, как лепесток розы.

Soon the other May-bugs came to pay them a visit. They examined Thumbelina with curiosity.

"She has only two legs!" some of them said.

"She is so weak, and so thin! Any minute, she will break in half," told the others.

"She looks very much like a human being and is also ugly," finally decided all the bugs.

Now even the May-bug that took Thumbelina away from the leaf turned up that she is not pretty, and he decided to say goodbye to her. The bug flew down with Thumbelina and left her on a daisy.

Thumbelina was sitting and crying on the flower: she was sad that she was so ugly. Even May-bugs drove her away!

Nevertheless, she was the loveliest little girl: frail and beauteous as a rose

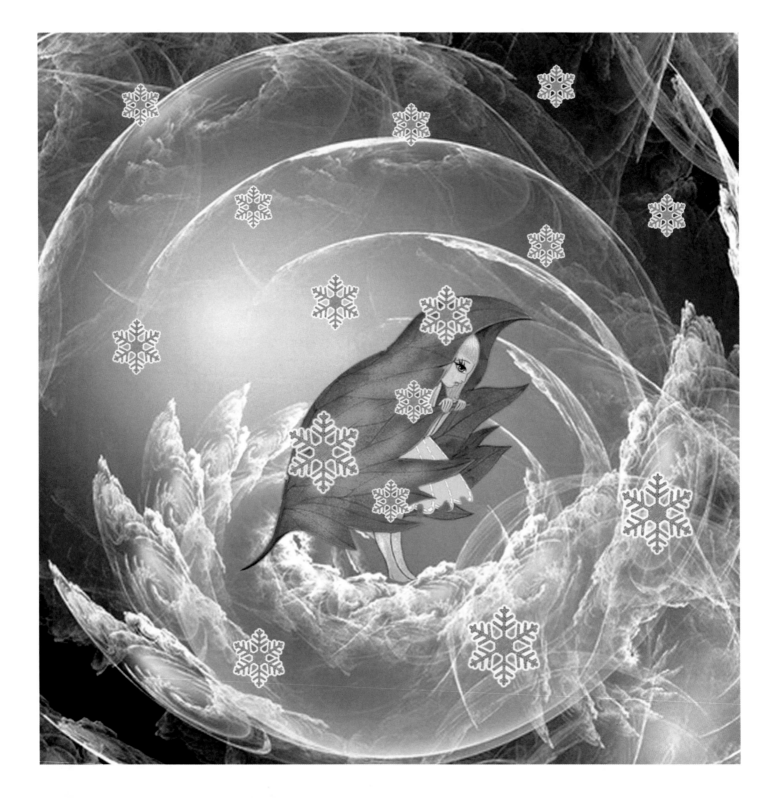

Все лето прожила Дюймовочка одна в лесу. Она сплела себе из травы колыбельку и подвесила ее под большим листом лопуха, чтобы укрываться от дождя и солнца. Она ела мед и пила росу.

Так прошло лето, осень, и пришла зима. Дюймовочка мерзла от холода: платьице ее разорвалось. Пошел снег, и каждая снежинка была для Дюймовочки очень большой, так как она сама была очень маленькая. Поэтому Дюймовочка решила уйти из лесу и поискать себе приют на зиму. Она добрела до норки полевой мыши.

Полевая мышь жила в тепле и уюте: кухня и кладовая у нее были битком набиты хлебными зернами. Дюймовочка остановилась у порога и попросила подать ей хоть кусочек зернышка: вот уже два дня она ничего не ела.

- Ах ты, бедняжка! - сказала полевая мышь. - Ну иди сюда, погрейся да поешь со мною!

All the summer Thumbelina lived all alone in the forest. She wove a cradle from the grass for herself and hung it under a big burdock leaf to shelter herself from the rain and sun. She was eating honey and drinking dew.

In this way the summer and the fall went by, and the winter came. Thumbelina was terribly cold: her dress had been torn. Snow began to fall, and each snowflake was very big for Thumbelina because she was very tiny herself. That is why Thumbelina decided to leave the forest and look for a shelter for the winter. She came to the hole of a field mouse.

The field mouse lived warm and cozy: the kitchen and the storage were full of grain. Thumbelina stopped in the doorway and asked for at least a piece of grain because she hadn't had anything to eat for two days.

"Oh, you poor thing!" said a field mouse. "Well, come on in, warm up and share my meal."

И Дюймовочка спустилась в норку, обогрелась и поела.

- Ты мне нравишься, - сказала мышь, - оставайся-ка у меня на зиму. Я буду кормить тебя, а ты прибирай в доме да рассказывай мне сказки: я до них большая охотница.

И Дюймовочка осталась. Она делала все, что приказывала ей мышь, и зажила отлично.

Однажды полевая мышь сказала Дюймовочке:

- У меня есть сосед, он очень богат, у него большой дом под землей и великолепная черная шуба! Но он терпеть не может солнце. Да и немудрено! Ведь он никогда в жизни его не видел. Вот если бы тебе удалось выйти за него замуж, ты бы зажила на славу! Беда только, что он слеп и не может видеть какая ты хорошенькая.

Но Дюймовочке вовсе не хотелось выходить замуж за богатого соседа: ведь это был крот - угрюмый подземный житель.

Thumbelina went down into the hole, warmed up and had a meal.

"I like you," mouse told," stay with me during the winter. "I'll feed you, and you'll clean up the house, and tell me stories: I am very fond of them."

So Thumbelina stayed. She did everything what the old field mouse ordered and had a very good time.

Once the field mouse said to Thumbelina, "I have a neighbor, he is very rich, he has a big underground house and gorgeous black fur coat! But he hates the sun. And no wonder! After all, he has never seen it in his whole life. If you could marry him, you would be well taken care of! The only trouble is that he is blind and can't see how cute you are.

But Thumbelina did not want to marry a rich neighbor: because it was a mole - a gloomy underground inhabitant.

Как-то крот пригласил полевую мышь с Дюймовочкой прогуляться по подземной галерее. На полпути крот остановился и сказал:

- Здесь лежит птица. Но нам ее нечего бояться - она мертвая. Можете сами проверить.

Должно быть, бедная птичка погибла от холода. Дюймовочке стало очень жалко ее.

Ночью Дюймовочке не спалось. Она встала с постели и, пробравшись в подземную галерею, укрыла птичку соломой. Дюймовочка прижалась головой к груди птички. И вдруг она услышала, что в груди у ласточки что-то мерно застучало: "Стук! Стук!" Сначала тихо, а потом громче и громче. Это забилось сердце птички. Ласточка была не мертвая - она только окоченела от холода, а теперь согрелась и ожила.

Once the mole invited field mouse with Thumbelina to stroll through the underground gallery. Halfway the mole stopped and said, "Here is a bird. But we have nothing to fear about - it is dead. You check it yourself."

It looked like the poor bird had died from the cold. Thumbelina was very sorry for it.

Thumbelina could not sleep at night. She got out of the bed, made her way into the underground gallery and covered the bird with wheat sticks. Thumbelina leaned her head against the bird's chest. Suddenly she heard something rhythmically pounding in the chest of the swallow: "Knock! Knock!" First quietly, and then louder and louder. This was the bird's heart beating. The swallow was not dead - she was only numb from the cold, and now she warmed up and came to life again.

На следующую ночь Дюймовочка опять потихоньку пробралась к ласточке. Птица была еще очень слаба и еле-еле открыла глаза, чтобы посмотреть на девочку.

- Спасибо тебе, милая крошка! - сказала больная ласточка. - Я так хорошо согрелась! Скоро я совсем поправлюсь и улечу.

- Ах, - сказала Дюймовочка, - сейчас так холодно, идет снег! Останься лучше в своей теплой постельке, а я буду ухаживать за тобой.

Всю зиму прожила ласточка в подземной галерее, а Дюймовочка ухаживала за ней, кормила и поила ее.

Наступила весна. Ласточка попрощалась с девочкой и спросила, хочет ли Дюймовочка отправиться вместе с ней.

Но Дюймовочке было жалко бросить старую полевую мышь.

- Нет, мне нельзя! - сказала она, вздыхая.

The next night, Thumbelina tiptoed out to the swallow again. The bird was still very weak and barely opened the eyes to look at the girl.

"Thank you, sweet baby!" said the sick swallow. "I have been wonderfully warmed! Soon I will get well and fly away."

"Oh," - said Thumbelina, "it's so cold outside, it's snowing! You better stay in your warm bed, and I'll nurse you."

The swallow lived in the underground gallery throughout the winter, and Thumbelina took care of her, fed her and gave her water.

The spring came. The swallow said goodbye to the girl and asked Thumbelina if she wanted to join her.

But Thumbelina was sorry to abandon the old field mouse.

"No, I cannot!" she said, sighing.

- Ну что ж, прощай, милая девочка! - прощебетала ласточка.

Дюймовочка посмотрела ей вслед, и у нее даже слезы навернулись на глазах - уж очень она полюбила бедную птичку.

Однажды старуха мышь сказала Дюймовочке:

- Наш сосед, старый крот, приходил к тебе свататься. Теперь тебе нужно готовить приданое. Ты выходишь замуж за важную особу, и надо, чтоб у тебя всего было вдоволь.

И Дюймовочке пришлось целыми днями шить себе приданое.

Слепой крот приходил к ним каждый вечер и говорил, что скоро лету будет конец. Вот тогда они и поженятся. Но Дюймовочка все грустила и плакала: она совсем не хотела выходить замуж за толстого слепого крота.

И вот наступила осень. Приданое для Дюймовочки было готово.

"Well, farewell, my dear girl!" the swallow twitted.

Tears came into Thumbelina's eyes as she watching the swallow go: she had liked the poor bird very much.

One day the old field mouse said to Thumbelina, "Our neighbor, the old mole, had come to propose to you. Now you need to prepare a dowry. You will marry an important person, and you need to have a lot of stuff."

All days long Thumbelina had to sew a dowry for herself.

The blind mole came to visit them every evening and said that the summer would end soon. At that time they would get married. But Thumbelina was sad and crying all the time, she did not want to marry a fat blind mole.

The fall came. Dowry for Thumbelina was ready.

- Через четыре недели твоя свадьба! - сказала Дюймовочке полевая мышь. Дюймовочка заплакала и ответила, что не хочет выходить замуж за скучного крота.

- Чем тебе крот не муж? - рассердилась мышь. - Одна шуба чего стоит! Да и в погребах у него не пусто. Благодари судьбу за такого мужа!

Настал день свадьбы, и крот пришел за своей невестой. Значит, ей все-таки придется идти с ним в его темную нору. А бедной Дюймовочке было так тяжело распроститься навсегда с солнцем!

И вот она вышла взглянуть на небо в последний раз. Дюймовочка подняла голову и увидела ласточку, которая пролетала над полем. Ласточка опустилась на землю, и Дюймовочка, плача, рассказала своей подруге, как ей не хочется выходить замуж за старого угрюмого крота и жить с ним глубоко под землей.

"Your wedding day will be in four weeks!" said the field mouse to Thumbelina. Thumbelina cried and said that she does not want to marry the boring mole.

"Why you don't want the mole to be your husband?" the mouse got angry. "His fur coat alone costs so much! And his cellars are not empty. You have to thank goodness that you are getting such a husband!"

The wedding day came, and the mole had come for his bride. Thus, she would have to go with him into his dark hole. It was too hard for Thumbelina to say farewell to the sun forever.

She went to look at the sky for the last time. Thumbelina looked up and saw the swallow that flew over the field. The swallow landed, and crying Thumbelina told her friend that she did not want to marry the old surly mole and live with him deep underground.

- Хочешь улететь со мной в дальние страны? Садись ко мне на спину, и мы улетим с тобой в теплые края, где солнышко светит ярче, где стоит вечное лето и всегда цветут цветы.

- Да, да, я полечу с тобой! - обрадовалась Дюймовочка, села ласточке на спину, и они полетели вместе в теплые края.

Долго летела ласточка, и наконец она спустилась на землю и посадила девочку на широкий лепесток цветка. Но что за чудо? В цветке оказался маленький человечек, такой светлый и прозрачный, словно он был из хрусталя или утренней росы. За плечами у него дрожали легкие крылышки, на голове блестела маленькая золотая корона, а ростом он был не больше Дюймовочки. Это был король эльфов. Он очень обрадовался, увидев Дюймовочку! Никогда еще он не видал такой красивой девочки. Эльф низко поклонился ей и спросил, как ее зовут.

"Would you want to fly with me to the far-away countries? Get on my back, and we'll fly with you to the warm countries where the sun shines brighter, where there is always summer and blooming flowers."

"Yes, yes, I'll go with you!" rejoiced Thumbelina, and got on the back of the swallow, and they flew together to the warm countries.

The swallow was flying for a long time, and finally it landed and placed the girl on a wide flower petal. What a miracle? In the flower, there turned out to be a little man, shining and transparent as if he had been made of glass or morning dew. Light wings were trembling over his shoulders, a little golden crown was shining on his head, and he was not a bit bigger than Thumbelina. He was the king of the elves. He was very glad to see Thumbelina! He had never seen such a beautiful girl. The elf bowed to her and asked her name.

- Дюймовочка! - ответила девочка.

- Милая Дюймовочка, - сказал эльф, - согласна ли ты быть моей женой, королевой цветов?

Дюймовочка взглянула на красивого эльфа. Ах, он был совсем не похож на глупого, грязного сына старой жабы и на слепого крота в бархатной шубе! И она сразу согласилась.

Тогда из каждого цветка вылетели эльфы. Они окружили Дюймовочку и одарили ее чудесными подарками. Но больше всего Дюймовочке понравились прозрачные легкие крылышки. Их привязали Дюймовочке, и она тоже могла теперь летать с цветка на цветок. То-то была радость!

И все эльфы вместе с Дюймовочкой закружились над цветами в веселом хороводе, сами легкие и яркие, как лепестки цветов.

"Thumbelina!" the girl replied.

"Sweet Thumbelina," said the elf, "will you marry me and become a queen of the flowers?"

Thumbelina looked at the beautiful elf. Oh, he was not like a silly dirty son of the old toad or the blind mole in a velvet fur coat! So she agreed right away.

Then out of every flower flew the elves. They surrounded Thumbelina and gave her wonderful gifts. But most of all Thumbelina liked the transparent light wings. They tied them to Thumbelina, and now she could fly from a flower to flower too. It was such a joy!

All the elves together with Thumbelina swirled over the flowers in a cheerful dance, light and bright themselves, like the petals of flowers.

Русалочка
The Little Mermaid

Давным-давно жил-был морской царь, и было у него четыре красавицы-дочки - русалочки. Но краше всех была его младшая дочь. Больше всего любила русалочка слушать рассказы о людях, живущих на земле

- Когда вам исполнится пятнадцать лет, - говорил царь своим дочерям, - вы сможете всплывать на поверхность моря и смотреть на леса, города и плывущие мимо корабли!

- Ах, когда же мне будет пятнадцать лет? - говорила младшая дочь.

Наконец и ей исполнилось пятнадцать лет, и она отправилась на поверхность моря.

Once upon a time there lived a sea king, and he had four beautiful mermaid daughters. His youngest daughter was the most beautiful of them all. More than anything, the little mermaid loved to hear stories about human beings living on the land.

"When you turn fifteen years old," the king said to his daughters, "you will be able to go up to the surface of the sea and look at the forests, cities, and the ships sailing by!"

"Oh, when will I be fifteen years old?" the youngest daughter would say.

And at last she too came to be fifteen years old, and she went up to the sea surface.

Солнце только что село, и на небе уже зажигались звездочки. Неподалеку от того места, где вынырнула русалочка, проплывал корабль. С палубы доносились звуки музыки. Русалочка подплыла к кораблю. Там она увидела молодого принца с большими черными глазами. Ах, как хорош был принц!

Стемнело. Подул сильный ветер. Началась буря! Русалочку буря только забавляла, но корабль перевернулся набок и стал тонуть. Русалочка заметила тонущего принца. Сначала она очень обрадовалась тому, что он попадет теперь к ним на морское дно, но потом вспомнила, что люди не могут жить под водой и что принц умрет.

«Нет, нет, он не должен умирать!» - решила русалочка и бросилась спасать принца. Она приподняла над водой его голову и предоставила волнам нести их обоих куда угодно.

The sun had just gone down, and in the sky the stars were beginning to twinkle. Not far from the place where the little mermaid emerged, a ship was sailing. Sounds of music were coming from the deck. The little mermaid swam towards the ship. There she saw a young prince with big black eyes. Oh how handsome was the prince!

It was getting dark. A strong wind started blowing. A storm began! The storm only amused the little mermaid, but the ship listed over on its side, and began to sink down. The little mermaid noticed the sinking prince. At first she was overjoyed that he would get to the bottom of the sea, but then she recalled that people could not live under the water, and that the prince would die.

No, no, he should not die! - the little mermaid resolved, and she rushed to save the prince. She lifted his head above the water and let the waves take them wherever they went.

К утру море успокоилось. Вскоре русалочка увидела землю. Она вынесла принца на берег.

В это время на берегу появилась красивая девушка. Русалочка отплыла подальше и спряталась за высокие камни, наблюдая за ними.

Девушка подошла к принцу и позвала на помощь. Затем русалочка увидела, что принц ожил.

Грустно стало русалочке, что он даже не знал, кто спас ему жизнь! Она печально нырнула в воду и уплыла в свой дворец.

Русалочка рассказала обо всем своим сестрам.

- Не переживай! - сказали русалке сестры и рука об руку поднялись все на поверхность моря близ того места, где стоял дворец принца.

By the morning, the sea had calmed down. Soon the little mermaid saw the land. She brought the prince to the shore.

At this time, a beautiful girl appeared on the shore. The little mermaid swam away and hid behind the high rocks, watching them.

The girl came up to the prince and called for help. Then the little mermaid saw that the prince regain consciousness.

The little mermaid was sad that he did not even know who had saved his life! She dove sadly down into the water and swam to her palace.

The little mermaid told everything to her sisters.

"Do not worry!" the sisters told the mermaid, and hand in hand they all ascended to the sea surface near the place where the palace of the prince stood.

Теперь русалочка знала, где живет принц, и стала приплывать к его дворцу почти каждый вечер. Она подолгу смотрела на молодого принца. Ей так хотелось быть все время рядом с ним.

«На все бы я пошла ради него! Поплыву-ко я к морской ведьме; я всегда боялась ее, но, может быть, она поможет мне!»

И русалочка поплыла к ведьме. Ей еще ни разу не приходилось проплывать этой дорогой. Тут не росло ни цветов, ни даже водорослей, а был один лишь голый серый песок; вода в водоворотах бурлила, шумела и увлекала за собой в глубину все, что встречала на пути.

Жилье ведьмы окружал диковинный лес: деревья и кусты были похожи на стоголовых змей; ветви их были длинными руками с пальцами, извивающимися, как черви.

Now the little mermaid knew where the prince lived, and she would swim to his palace almost every evening. She would watch the young prince for a long time. She wished they were always together.

I would do anything to be with him! I'll swim to the sea witch. I was always afraid of her, but perhaps she will help me!

And the little mermaid swam to the witch. She had never swum that rout before. No flowers grew there nor even seaweed; there was only bare gray sand; water in the whirlpools whirled and snatched everything within its reach to the bottom.

The witch's dwelling was surrounded by an outlandish forest: trees and shrubs were like hundred-headed snakes; all the branches were long arms, with fingers like wriggling worms.

Сердце русалочки бешено билось от страха; она готова была повернуть назад, но вспомнила о принце и бросилась вперёд между гадкими ветками, протягивавшими к ней свои извивающиеся руки.

Но вот она очутилась на подводной поляне, посреди которой был выстроен дом из человеческих костей. На его пороге морская ведьма кормила жабу. Гадких жирных ужей она звала своими цыплятками и позволяла им валяться на своей большой груди.

- Знаю-знаю, зачем ты пришла! - сказала русалочке морская ведьма. - Глупости ты затеваешь. Ну да я все-таки помогу тебе, тебе же на беду, моя красавица! Ты хочешь получить вместо своего рыбьего хвоста две подпорки, чтобы ходить, как люди; хочешь, чтобы молодой принц полюбил тебя.

The little mermaid's heart was beating frantically in fear; she was on the point of turning back but then she remembered the prince and darted forward between the nasty branches that were extending their crooked arms towards her.

And here she found herself in an underwater meadow, in the midst of which a house was built of human bones. On the doorsteps, the sea witch was feeding a toad. She called her ugly fat water snakes her chickabiddies, and allowed them to sprawl on her large bosom.

"I know exactly why you're here!" the sea witch said to the little mermaid. "It is very foolish of you. But I will help you, at your own peril, my beauty! You want to have two props instead of your fish tail so that you can walk like people; to have the young prince fall in love with you."

И ведьма громко захохотала.

- Ну ладно, - продолжала она, - я изготовлю для тебя питье. Ты возьмешь его, поплывешь с ним на берег еще до восхода солнца и выпьешь все до капли. Тогда твой хвост раздвоится и превратится в пару чудных ножек. Но тебе будет так больно, как будто тебя пронзят насквозь острым мечом. Зато все, кто ни увидит тебя, скажут, что такой прелестной девушки они еще не видали! У тебя будет воздушная скользящая походка - ни одна танцовщица не сравнится с тобой. Но помни, что ты будешь ступать, как по острым ножам так, что изранишь свои ножки в кровь. Согласна ты? Хочешь моей помощи?

- Да! - сказала русалочка дрожащим голосом и подумала о принце.

And then the witch gave a loud laugh.

"Well," she went on, "I will compound you a potion. You will take it and swim to the shore with it before sunrise, and you will drink it down. Then your tail will split and will become a pair of wonderful legs. But it will hurt as if a sharp sword slashed through you. Everyone who sees you will say that they have never seen a girl prettier than you are! You will have a graceful gliding gait - and no dancer will be worthy of comparison with you. But remember that you will be treading as if upon sharp knives, injuring your feet until they bleed. Do you agree? Would you like my help?"

"Yes!" the little mermaid said with a trembling voice, as she thought of the prince.

- Помни, - сказала ведьма, - что, раз ты примешь человеческий образ, тебе уже не сделаться вновь русалкой! Не видать тебе больше ни морского дна, ни отцовского дома, ни сестер. И если принц не полюбит тебя настолько сильно, что вы станете мужем и женой, ты умрешь. С первою же зарей после его женитьбы на другой твое сердце разорвется на части, и ты станешь пеной морской!

- Пусть! - сказала русалочка и побледнела, как смерть.

- Ты должна еще заплатить мне за помощь! - сказала ведьма. - А я недешево возьму! У тебя чудный голос, и ты должна отдать его мне.

- Если ты возьмешь мой голос, что же останется у меня? - спросила русалочка.

"Remember," the witch said, "that once you have taken a human form, you can never be a mermaid again! You will never see the seabed nor your father's house nor your sisters. And if the prince does not fall in love with you so completely that you become a husband and wife, you will die. On the very first morning after he marries someone else, your heart will break into pieces, and you will become a sea foam"

"Let it be so!" said the little mermaid and turned as pale as death.

"You should have to pay me for the help!" said the witch. "And it is no trifling price I will take! You have a sweet voice, and you will have to give it to me."

"But if you take away my voice, what will be left to me?" asked the little mermaid.

- Твое прелестное личико, твоя скользящая походка и твои говорящие глаза.

- Хорошо! - сказала русалочка.

- Вот тебе зелье! - сказала ведьма, отобрав у нее голос.

Русалочка не могла больше ни петь, ни говорить! Она послала родным тысячи поцелуев рукой и поднялась на поверхность моря.

Еще до восхода солнца, подплыв ко дворцу принца, русалочка выпила напиток, и ей показалось, что ее пронзили насквозь острым мечом. Она потеряла сознание и упала как мертвая.

Когда она очнулась, над морем уже сияло солнце. Перед ней стоял красавец-принц и смотрел на нее своими черными, как ночь, глазами. Вместо рыбьего хвоста у русалочки были две человеческие ножки.

"Your lovely face, your gliding gait and eloquent eyes."

"Alright!" the little mermaid said.

"Here's the potion!" said the witch, taking away her voice.

The little mermaid could no longer sing or speak! She blew a thousand kisses towards her kin and ascended towards the sea surface.

Having swum to the Prince's palace before sunrise, the little mermaid drank the potion down, and it felt as if a sharp sword pierced her through. She lost consciousness and fell as if she were dead.

When she regained conscience, the sun had already risen above the sea. Right in front of her the handsome Prince stood, looking at her with his eyes, black as night. Instead of her fishtail, the little mermaid had two human legs.

Принц спросил, кто она такая, но в ответ она только кротко и грустно смотрела на него своими огромными глазами: говорить она не могла.

Он взял ее за руку и повел во дворец. Ведьма сказала правду: с каждым шагом русалочка, как будто ступала на иголки, но она терпеливо переносила боль.

Русалочку красиво нарядили, и она стала первою красавицей при дворе. Она все время была рядом с принцем, а по ночам ходила на берег моря, опускала свои пылавшие, как в огне, ноги в холодную воду и думала о родном доме и о дне морском.

День ото дня принц все сильнее привязывался к русалочке.

«Любишь ли ты меня больше всех на свете»? - казалось, спрашивали глаза русалочки.

The prince asked her who she was, but in response she only looked at him sadly and meekly with her large eyes: she could not speak.

He took her hand and led her to the palace. The witch told the truth: with her each step, she was treading as if upon the needles, but she patiently endured the pain.

The little mermaid was beautifully dressed, and she became the first beauty of the court. All the time she was together with the prince, and at night she would go to the beach, putting her burning feet down into the cold water and thinking of her own home and of the bottom of the sea.

Day by day the prince grew more fond of the little mermaid.

Do you love me more than anyone else? - the little mermaid's eyes seemed to be saying.

- Да, я люблю тебя! - говорил принц. - У тебя доброе сердце, и ты похожа на девушку, которую я видел раз. Я плыл на корабле. Начался шторм. Корабль разбился, волны выбросили меня на берег, где неизвестная девушка нашла меня и спасла мне жизнь. Ее одну в целом мире мог бы я полюбить! Но ты похожа на нее и почти вытеснила из моего сердца ее образ. Я никогда не расстанусь с тобою!

«Увы, он не знает, что это я спасла ему жизнь!» - думала русалочка. - «Я вынесла его из волн морских на берег!» - И русалочка глубоко вздыхала.

Стали поговаривать, что принц женится на прелестной дочери соседнего короля и снаряжает свой корабль в плаванье. Русалочка на все эти речи только покачивала головой: она ведь лучше всех знала мысли принца.

"Yes, I love you!" said the prince. "You have a kind heart and you look like the girl that I saw once. I was sailing on a ship. A storm began. The ship crashed, and the waves cast me ashore, where an unknown woman found me and saved my life. She is the only one in the whole world whom I could love! But you look like her and you have almost replaced her image from my heart. I will never part from you!"

Alas, he does not know that it was I who saved his life! - thought the little mermaid. *I carried him over the sea to the shore!* And the little mermaid sighed deeply.

The prince got rumored to marry the beautiful daughter of a neighboring king and equip his ship to sail. The little mermaid only shook her head when learned of the rumors because she knew the prince's thoughts better than anyone else.

- Я должен ехать! - сказал он ей. - Мне надо увидеть прекрасную принцессу: этого требуют мои родители, но они не станут принуждать меня жениться на ней, а я никогда не полюблю ее! Если же мне придется наконец избрать себе невесту, так я выберу, скорее всего, тебя, мой немой найденыш с говорящими глазами!

Пока они плыли в соседнее королевство, принц рассказывал ей о бурях и о штиле, о разных рыбах, что живут в глубине моря, а она только улыбалась, слушая его рассказы: она-то лучше всех знала, что есть на дне морском.

Наутро корабль вошел в гавань великолепной столицы, и тут же начались празднования. На балу, увидев принцессу, принц сказал:

- Это ты спасла мне жизнь, когда я, полумертвый, лежал на берегу моря!

"I have to go!" he said to her. "I need to see this beautiful princess: my parents desire it, but they will not oblige me to marry her, and I will never fall in love with her! If I have to finally choose a bride, I will most likely choose you, my dumb foundling with eloquent eyes!"

As they sailed to the neighboring kingdom, the prince told her of storms and the calm, of different fish that live in the depths of the sea, and she smiled, listening to his stories: she knew better than anybody else about the bottom of the sea.

The next morning the ship entered the harbor of the magnificent capital, and immediately celebrations commenced. At the ball, seeing the princess, the prince said, "It was you who saved my life when I, half-dead, was lying on the beach!"

- О, я так счастлив! - сказал он русалочке. - То, о чем я не смел и мечтать, сбылось! Ты порадуешься моему счастью; ты ведь так любишь меня!

Русалочке показалось, что сердце ее вот-вот разорвется от боли: его свадьба убьет ее, превратив в морскую пену!

В тот же вечер жених с невестой отплыли на родину принца.

Лишь один вечер оставалось русалочке пробыть с тем, ради кого она оставила родных и отцовский дом, отдала свой чудный голос и ежедневно терпела бесконечные мучения, тогда как он и не замечал их.

Русалочка вышла на палубу и стала ждать первого луча солнца, который, как она знала, должен был убить ее. И вдруг она увидела в море своих сестер; их длинные роскошные волосы не развевались на ветру: они были обрезаны.

"Oh, I'm so happy!" he said to the little mermaid. "Something I did not even dare dream has come true! You will be happy for my joy: you're so fond of me!"

The little mermaid thought her heart would burst with pain any moment: his wedding would kill her and turn her into sea foam!

On the same evening, the bride and groom sailed back to home.

The little mermaid had only one evening left to spend with the one for whom she had left her father's home and family, gave up her beautiful voice and on a daily basis suffered endless torment, while he never noticed it all.

The little mermaid came up to the deck and waited for the first ray of the sun, that she knew was going to kill her. And suddenly she saw her sisters in the sea; their long beautiful hair was not blowing in the wind: it had all been cut off.

- Мы отдали наши волосы ведьме, чтобы помочь тебе спастись от смерти! Ведьма дала нам острый нож. Прежде чем взойдет солнце, ты должна вонзить его в сердце принца, и тогда ты опять станешь русалкой и вернешься в море. Но поспеши! Или он, или ты! Один из вас должен умереть до восхода солнца!

С этими словами они погрузились в море.

Русалочка вспомнила принца и нож дрогнул в ее руке. Еще минута - и она бросила его в волны, которые покраснели, точно окрасились кровью в том месте, где он упал. Еще раз подумала она о принце и бросилась с корабля в море.

Вот так и заканчивается эта печальная, но прекрасная, история о мужестве, доброте и любви, которая не знает преград.

"We have given up our hair to the witch to help save yourself from death! The witch gave us a sharp knife. Before the sun rises, you must strike it into the prince's heart, and then you will be once more a mermaid, and return to the sea. But hurry up! It is either him or you! One of you must die before sunrise!"

With these words, they plunged back into the sea.

The little mermaid remembered the prince and the knife trembled in her hand. Another minute passed - and she threw it into the waves, which turned red, as if stained with blood at the spot where the knife fell. Once again she thought of the prince and thrust herself from the ship into the sea.

This is how ends this sad but beautiful story about courage, kindness and love that does not know obstacles.

Снежная королева
The Snow Queen

Когда-то в большом городе в квартирах под самой крышей жили друзья - Герда и Кай. Возле их окон в кадке на крыше рос маленький розовый куст. Герда и Кай любили играть и говорить друг с другом, сидя у своего красивого розового куста. Но в один прекрасный день всё изменилось.

Был теплый летний вечер. Друзья читали книжку с картинками. Вдруг Кай вскрикнул:

- Ой, что-то укололо меня в сердце, а сейчас еще и попало мне в глаз. Как больно!

Герда попыталась помочь ему достать соринку из глаза, но Кай сказал, что она уже выпала. Но это оказалось не так...

Once upon a time in a big city, in the apartments right under the roof, lived two friends - Gerda and Kay. Near their windows, in a pot on the roof, a little rose bush was growing. Gerda and Kay liked playing and talking with each other seating by their beautiful rose bush. But one day things changed.

It was a warm summer evening. The friends were reading a picture book. Suddenly Kay exclaimed, "Oh something pricked me in my heart, and now I got something in my eye too. How it hurts!"

Gerda tried to help him get the speck out of his eye, but Kay said that it had already gone. However, it had not...

Много-много лет назад задолго до этого теплого летнего дня дьявол решил сыграть шутку над людьми и сделал волшебное зеркало, которое показывало искажённые отражения. Все, что было хорошим и красивым, виделось в нем уродливым и ужасным, а все злое выглядело хорошим и прекрасным.

Случилось так, что зеркало разбилось и распалось на миллионы маленьких кусочков, которые разнеслись по всему свету. Иногда осколок попадал кому-то в глаз, и тогда тот начинал видеть все хорошее плохим, а плохое хорошим. Но некоторым людям осколки попадали прямо в сердце, и сердца их становились холодными, как кусочки льда. Именно это и произошло с маленьким Каем.

Many-many years ago, long before that warm summer day, a devil decided to play a joke on people and made a magical mirror that was showing twisted reflections. Everything good and beautiful looked ugly and horrible in it, while evil things appeared as nice and divine.

It happened so, that the mirror broke and split into millions of small pieces which got spread throughout the world. Sometimes, a piece would get in someone's eye and then the person would start seeing everything good as bad and everything bad as good. But some people were getting the splinters in their hearts, and their hearts were becoming cold, like a piece of ice. And that was exactly what happened with little Kay.

Кай стал насмехаться над Гердой и не хотел больше с ней дружить. Он перестал слушаться родителей и отказывался слушать сказки своей бабушки: те, которые он раньше так любил.

Пришла зима и принесла с собой мороз и много снега. В те времена мальчишки любили привязывать свои санки к проезжающим мимо каретам с тем, чтобы быстро прокатиться с ними. Кай тоже очень любил это.

Однажды, играя, Кай увидел большие белые сани, управляемые кем-то закутанным в белый меховой плащ. Он успел привязать к ним свои санки и был счастлив, предвидя веселую езду.

Kay started making fun of Gerda and did not want to be friends with her anymore. He stopped listening to his parents and was refusing to hear his grandma's stories - the ones he had liked so much before.

Winter came and brought snow and frost with it. In those times, boys liked to tie their sleds to the passing by carriages to have a swift ride along them. Kay also liked doing that very much.

One day, while playing, Kay saw a big white sleigh driven by somebody wrapped up in a white fur cloak. He managed to attach his sled behind it and was happy in anticipation of a fun ride.

Но сани мчались все быстрее и быстрее. Кай испугался, но уже не мог отвязать свои санки. Снегопад усиливался, и хлопья снега становились все крупнее и крупнее. Вдруг сани остановились, и Кай увидел, что управляла ими сама Снежная королева.

- Мы ехали долго и быстро, - сказала она. - Ты должно быть замерз. Сядь рядом со мной, и я укрою тебя моим меховым плащом.

Она посадила его в сани и поцеловала. Ее поцелуй был холоден, как лед, и прошел прямо в сердце Кая. После этого он больше не замечал холода и забыл все о Герде, своей бабушке и доме…

Никто не знал, что случилось с Каем и почему он не вернулся домой. Некоторые даже думали, что он умер. Но Герда решила во что бы то ни стало найти своего друга.

But the sleigh moved faster and faster. Kay was scared, but was already unable to unfasten his sled. The snowfall became stronger, and the snow flakes grew bigger and bigger. Suddenly the sleigh stopped, and Kay saw that the Snow Queen herself was driving them.

"We drove long and fast," she said. "You must be frozen. Come sit by my side, I'll cover you with my fur cloak."

She put him in the sleigh and kissed him. Her kiss was cold as ice and went straight to Kay's heart. After that, he no longer noticed cold and forgot everything about Gerda, his grandmother and home.

No one knew what happened to Kay and why he didn't return home. Some even thought he had died. But Gerda decided to find her friend whatever it takes.

Вскоре наступила весна, девочка спустилась к реке, ища повсюду Кая. Она устала, забралась в лодку, которая стояла неподалеку, и заснула. Когда Герда проснулась, она увидела, что река отнесла лодку от берега, и та плывет по течению. Девочка стала звать на помощь, но вокруг не было никого, кто мог бы ее услышать. Течение принесло лодку к красивому саду. Вдруг откуда ни возьмись появилась старая женщина, которая помогла Герде спуститься на берег.

- Бедная малышка, - сказала она Герде. - Скажи мне, кто ты такая и как сюда попала.

Герда рассказала старушке о Кае и спросила ее, не встречала ли она его. Женщина сказала, что не видела Кая и предложила Герде остаться и посмотреть ее сад, полный красивых цветов.

Soon spring came, and the girl went down to the river, searching everywhere for Kay. She got tired, climbed into a boat that was standing nearby, and fell asleep. When Gerda woke up, she saw that the river had carried the boat away from the shore and it was moving with the flow of the river. The girl started to scream for help but there was no one to hear her. The flow brought the boat to a beautiful garden. Suddenly, out of nowhere, an old woman appeared, who helped Gerda get to the shore.

"You poor little child," she said to Gerda. "Tell me who you are and how you got here."

Gerda told the old woman about Kay and asked her if she had met him. The woman said that she hadn't seen Kay and asked Gerda to stay and take a look at her garden full of beautiful flowers.

Ей понравилась девочка, и она не хотела, чтобы та уходила. Старушка угостила Герду вкусными вишнями и, пока девочка ела, золотой щеткой стала расчесывать ей волосы. Щетка была волшебной и сделала так, что Герда забыла всё о Кае.

Девочка провела много дней и ночей в доме старушки. Но вот однажды, играя в саду, Герда увидела розовый куст. Она посмотрела на красивые розы и сразу же вспомнила свой розовый куст и своего друга Кая.

«Ой, как же много времени я потеряла здесь! Надо немедленно уходить отсюда и продолжать поиски Кая», - подумала Герда.

Когда Герда вышла из зачарованного сада, она увидела, что лето давно прошло и уже была поздняя осень. На ветке дерева неподалеку сидел ворон.

She liked the girl and didn't want her to go. The old woman offered Gerda delicious cherries, and while the girl was eating, she started brushing her hair with a golden brush. The brush was magical and made Gerda forget all about Kay.

Many days and nights spent the girl at the old woman's house. One day, when she was playing in the garden, Gerda saw a rose bush. She looked at the beautiful roses and immediately remembered the rose bush she herself and her friend Kay had.

Oh, how much time I have lost here! I should leave this place immediately and continue my search for Kay, thought Gerda.

As Gerda got out of the enchanted garden, she saw that summer had long passed by and it was already late autumn. A crow was sitting on a branch of a nearby tree.

- Кар, кар! Приятно познакомиться с Вами, - приветствовал он девочку. - Что Вы делаете здесь в полном одиночестве?

Герда рассказала ворону о Кае и спросила, не видел ли он его.

- Я, возможно, знаю Вашего друга. Но если это Кай, то он теперь женат на принцессе, - ответил ворон.

- Я должна увидеть Кая! Можете ли Вы мне помочь? - попросила Герда.

- Моя невеста - ручная ворона во дворце. Я попрошу ее помочь Вам, - ответил ворон и улетел.

Он вернулся поздним вечером и показал Герде путь к королевской спальне. Сердце Герды бешено колотилось от волнения. «Кай будет рад видеть меня», - думала она, - «и я расскажу ему, как дома все были опечалены, когда он пропал и какой далекий путь проделала я ради него».

"Cr, cr! How do you do?" he greeted the girl. "What are you doing here all alone?"

Gerda told the crow about Kay and asked if he has seen him.

"I may know your friend. But if it is Kay, he is now married to the princess," replied the crow.

"I have to see Kay! Can you help me?" pleaded Gerda.

"My fiancée is a tame crow in the palace. I'll ask her to help you," answered the crow and flew away.

He returned late in the evening and showed Gerda the way to the royal bedroom. Gerda's heart was pounding with excitement. *Kay would be glad to see me*, she thought, *and I will tell him how sad they all had been at home when he disappeared and what a long way I have come for his sake.*

Но когда Герда вошла в королевскую спальню и увидела спящих принца и принцессу, она горько заплакала: принц оказался не Каем.

Плачь Герды разбудил королевскую чету. Они спросили, кто она и почему плачет. Герда рассказала им свою историю.

Принц и принцесса пригласили ее остаться с ними во дворце, но она отказалась, сказав, что должна найти Кая. Чтобы помочь ей, они одели ее в теплую и богатую зимнюю одежду и дали ей карету из чистого золота. Герда попрощалась с ними, и кучер тронул карету.

Но не успели они немного отъехать, как банда разбойников напала на них.

- Это золото, настоящее золото! - кричали они, радостно трогая карету. - А девчонка! Давайте убьём и съедим её: она выглядит очень аппетитно!

But when Gerda entered the royal bedroom and saw the prince and princess, she wept bitterly - the prince was not Kay.

Gerda's cry woke up the royal couple. They asked her who she was and why she was crying. Gerda told them her story.

The prince and princess invited her to stay with them in their palace but she refused saying that she had to find Kay. To help her, they dressed her in warm and rich winter clothes and gave her a carriage of pure gold. Gerda bid farewell, and the coachman drove the carriage.

But they didn't go too far when a band of robbers attacked them.

"It's gold, it's real gold!" they screamed happily touching the carriage. "And the girl! Let's kill and eat her: she looks delicious!"

С разбойниками была маленькая девочка, ровесница Герды - дочь разбойницы.

- Нет, она моя, - объявила всем девочка-разбойница, обхватив Герду. - Она будет моей подружкой.

Разбойники погнали карету глубоко в лес, где находилась их пещера. В пути маленькая разбойница попросила Герду рассказать ей какую-нибудь историю, и Герда рассказала ей о Кае. Когда они сошли с кареты, разбойница схватила Герду за руку и сказала:

- Не бойся, я не дам тебя в обиду! Ты будешь жить в моей комнате.

В ее комнате Герда увидела голубей, оленя и других животных. Девочки легли спать, и разбойница попросила Герду рассказать ей историю о Кае еще раз. Вскоре разбойница заснула.

There was a little girl of Gerda's age with the robbers - the daughter of the robber woman.

"No, she is mine," declared the robber girl to everybody, putting her arm around Gerda. "She'll be my playmate."

Robbers drove the carriage deep in the forest where their cave was located. While they were driving, the little robber girl asked Gerda to tell her a story, and Gerda told her about Kay. When they got out of the carriage, the robber girl grabbed Gerda's hand and said, "Don't be afraid, I will not allow anybody to hurt you! You will live in my room."

In her room, Gerda saw pigeons, a reindeer and other animals. The girls lay down to sleep, and the robber girl asked Gerda to tell her the story about Kay once again. Soon the robber girl fell asleep.

И тут внезапно голуби заговорили:

- Мы видели Кая. Он летел в санях со Снежной Королевой.

- Куда же она везла его, вы не знаете? Пожалуйста, скажите! - попросила Герда.

Тогда заговорил олень:

- Она, наверное, увезла его в Лапландию в свой замок. Лапландия - это земля льда и снега, но я там родился, и для меня это лучшее место на земле.

Утром Герда рассказала маленькой разбойнице все, что узнала от голубей и оленя.

Разбойнице было очень грустно потерять свою подругу, но она пообещала Герде, что поможет ей добраться до Лапландии.

Усадив Герду на оленя, добрая разбойница сказала ему:

Then, suddenly pigeons said, "We've seen Kay. He was flying in the sleigh with the Snow Queen."

"Where was she taking him? Do you know? Please tell me," asked Gerda.

Now the reindeer talked, "She probably took him to the Lapland—to her castle. It is the land of ice and snow, but I was born there, and it is the best place in the whole world for me."

In the morning, Gerda told the little robber girl everything she learned from the pigeons and the reindeer.

The robber girl was very sad to lose her playmate, but she promised Gerda to help her get to the Lapland.

After she put Gerda on the reindeer, the kind robber girl told him:

- Теперь ты свободен. Но хорошо позаботься о маленькой девочке!

На прощание Герда помахала рукой, и олень помчался в Лапландию.

Добравшись до Лапландии, они увидели яркий свет на темном небе, и олень объяснил Герде:

- Это северное сияние. Красиво не правда ли?

Подъехав к замку Снежной Королевы, олень остановился у ворот и сказал:

- Дальше я идти не могу. Ты должна пойти одна, а я буду ждать тебя и Кая здесь на этом же самом месте.

И бедная Герда одна на колючем морозе продолжила свой путь. Большие и страшные фигуры льда встретили ее в замке. Но девочка быстро пробежала мимо них.

"Now you are free. But take good care of the little girl!"

Gerda waved good-bye, and the reindeer sped away to the Lapland.

When they reached Lapland, they saw bright lights on the dark sky, and the reindeer explained to Gerda, "These are the northern lights. Aren't they beautiful?"

When they reached the castle of the Snow Queen, the reindeer stopped at the gates and said, "I can't go farther. You should go alone, but I will be waiting for you and Kay at this same place."

And poor Gerda, alone in the midst of piercing cold, proceeded forward. Big and frightening figures of ice met her inside the castle. But the girl quickly ran by their side.

В ледяном дворце она увидела Кая, медленно, как во сне, перебирающего небольшие кубики льда. Он был весь синий от холода. Герда бросилась к нему и, обняв его, сказала:

- Кай, дорогой Кай, наконец-то я нашла тебя!

Но он не узнал ее и оставался неподвижным и холодным. Тогда Герда заплакала. Когда ее горячие слезы упали ему на грудь, его сердце оттаяло. Она продолжала плакать, и осколок дьявольского зеркала выпал из сердца Кая. Мальчик посмотрел на Герду, и слезы выступили у него на глазах. Когда он заплакал, второй осколок, что был у него в глазу, тоже выпал. Наконец он узнал ее:

- Герда, дорогая Герда! Где ты была? Что со мной случилось? Где мы? Как здесь холодно!

Inside the ice palace she saw Kay—slowly, like in a dream, moving small blocks of ice around. He was blue from cold. Gerda rushed to him and hugged him saying, "Kay, dear Kay, I found you at last!"

But he remained still and cold, and didn't recognize her. Then Gerda began to weep. When her hot tears fell on his breast, his heart thawed. She wept more, and the splinter of the devil's mirror fell from Kay's heart. Kay looked at Gerda, and tears came into his eyes. As he cried, the second splinter that was in his eye, washed away too. At last he recognized her, "Gerda, dear little Gerda! Where have you been? What happened to me? Where are we? It is so cold here!"

Держась за руки, дети вышли из дворца Снежной Королевы. За воротами их ждал олень.

Он повез их обратно на их родину. На окраине своего города Герда и Кай тепло попрощались с оленем и пошли домой. По дороге они увидели первые зеленые ростки и первых щебечущих птичек - все признаки того, что зима закончилась и наступила весна.

Они вошли в город и поднялись по лестнице своего дома. Все было так же, как раньше. Но, посмотрев друг на друга, Герда и Кай поняли, что сами они выросли и уже не были маленькими детьми.

Улыбнувшись и взявшись за руки, Герда и Кай уверено пошли вперед навстречу новым приключениям, уготовленным им жизнью.

Holding hands, children walked out of the Snow Queen's palace. Outside the gates, the reindeer was waiting for them.

The reindeer took them back to their homeland. In the outskirts of their city, Gerda and Kay bid warm farewell to the reindeer and started going home. On their way they saw first green shoots and the first little birds chirping - all the signs that the winter ended and the spring had come.

They entered the town and climbed the stairs of their house. Everything was the same as before. But as Gerda and Kay looked at each other, they understood that they themselves had grown and were not small children any more.

They smiled at each other and holding hands, Gerda and Kay confidently proceeded forward towards new adventures that life had prepared for them.

СОДЕРЖАНИЕ

CONTENTS